RIO DO SUL, QUINTA-FEIRA 30 DE SETEMBRO DE 2021.

90% DA POPULAÇÃO BRASILEIRA TEM EM MÉDIA ESTIMADA 87 DE QI

QUOCIENTE DE INTELIGÊNCIA

O QI, ou quociente de inteligência, é uma escala que ajuda a avaliar, e comparar, a habilidade de diferentes pessoas em algumas áreas do pensamento, como matemática básica, raciocínio ou lógica. O valor de QI pode ser obtido através da realização de testes que avaliam apenas uma dessas áreas ou várias. Isso significa que, o valor obtido num determinado teste de QI não é considerado uma medida absoluta da inteligência, servindo apenas para comparar as pessoas que fizeram esse mesmo teste e que avaliaram as mesmas áreas do pensamento.

Neste livro iremos falar sobre:

PARA QUE SERVE O QI

O QI AJUDA A PREVER O SEU SUCESSO

CURIOSIDADES SOBRE O QI

COMO CALCULAR O QI

E MUITO MAIS...

O livro traz um teste de QUIZ, em conhecimentos gerais. Com 60 perguntas e quatro alternativas. Para você se divertir no final da sua leitura. Não se esqueça de pegar um papel e caneta para anotar quantas alternativas você acertou! Vou dar uma dica como autora, marque a data em que você estiver lendo este livro e marque quantas alternativas você acertou. Fique atenda(o) para o próximo livro, aonde irei trazer novas perguntas de conhecimentos gerais, para testar o seu quociente de inteligência QI.

SOBRE A AUTORA

Ana Claudia da Silva, casada aos seus 19 anos, filha de família humilde. Os assuntos que a autora mais gosta para os seus estudos são: PSICOLOGIA- NEUROCIÊNCIA-SOCIOLOGIA- FILOSOFIA-BIOLOGIA-NUTRIÇÃO, E MUITO MAIS.

90% DA POPULAÇÃO BRASILEIRA TEM EM MÉDIA ESTIMADA 87 DE QI (QUOCIENTE DE INTELIGÊNCIA) é o primeiro livro da autora, no qual ela predente escrever mais livros para o ano de 2021 até o ano de 2022. Apaixonada, por Filosofia, e Psicologia, tem um grande interesse em escrever diversos livros sobre essas áreas. -" Eu, Ana Claudia, gostaria muito de publicar a minha Biografia, eu sempre fico dizendo isso para mim, mesma. Eu preciso fazer um livro sobre a minha vida! Mas, em cada livro que eu publicar irei deixar um pouco do meu eu, irei abrir o meu coração, e falar o que eu penso, sinto ou vivenciei sobre cada assunto. Eu convivo com uma pessoa inteligêntissima, meu esposo, se eu tivesse uns 80% da capacidade de inteligência como ele tem, eu iria escrever milhares de livros, para passar todo esse conhecimento a diante; Eu acho ele incrível. Sou grata em ter lhe conhecido, meus agradecimentos vai para ele, uma pessoa muito especial, que me ajudou muito, no meu autodesenvolvimento pessoal, me fez enchergar a vida de um outro ângulo. Eu me encontrei através da leitura, e da escrita, assim por sua vez, através de muitos estudos, eu cheguei a conclusão que os estudos é uma das coisas mais belas, em que a vida pode nos proporcionar. Gratidão por cada leitor que estiver a oportunidade de estar lendo este livro, que no qual foi feito com muito carinho e dedicação; Deixo aqui o meu muito obrigada(o) á todos vocês".

PREFÁCIO

O QI, ou quociente de inteligência, é uma escala que ajuda a avaliar, e comparar, a habilidade de diferentes pessoas em algumas áreas do pensamento, como matemática básica, raciocínio ou lógica. O valor de QI pode ser obtido através da realização de testes que avaliam apenas uma dessas áreas ou várias. Isso significa que, o valor obtido num determinado teste de QI não é considerado uma medida absoluta da inteligência, servindo apenas para comparar as pessoas que fizeram esse mesmo teste e que avaliaram as mesmas áreas do pensamento.

Historicamente, mesmo antes dos testes de QI serem inventados, houve tentativas de classificar as pessoas em categorias de inteligência observando seu comportamento na vida cotidiana. O estatístico inglês **Francis Galton** fez a primeira tentativa ao criar um teste padronizado para classificar a inteligência de uma pessoa. Um pioneiro da psicométrica e da aplicação de métodos estatísticos para o estudo da diversidade humana e para o estudo da herança das peculiaridades humanas, ele acreditava que a inteligência humana era amplamente um produto da hereditariedade(pela qual ele não queria dizer genes, apesar de ter desenvolvido diversas teorias pré-mendelianas de herança particular). Ele admitiu a hipótese de que deveria existir uma correlação entre inteligência e outras peculiaridades observáveis, tais como reflexos, contração do músculo, e tamanho da cabeça.

Ele estabeleceu o primeiro centro de teste mental no mundo em 1882 e publicou "Investigações sobre a faculdade humana e seu desenvolvimento" em 1883, em que ele estabelece suas teorias. Após reunir dados em uma diversidade de variáveis físicas, ele foi incapaz de demonstrar qualquer tal correlação, e ele eventualmente abandonou essa pesquisa. O psicólogo francês **Alfred Binet**, junto com **Victor Henri** e **Théodore Simon**, teve mais sucesso em 1905, quando eles publicaram o teste **Binet-Simon**, que focava em habilidades verbais. Ele pretendia identificar a retardação mental nas crianças das escolas, mas em específico contraste às alegações feitas por psiquiatras de que essas crianças eram doentes mentais(e não "lentas") e deveriam portanto serem removidas da escola e cuidadas em asilos. A pontuação na escala Binet-Simon revelaria a idade mental da criança. Por exemplo, uma criança de seis anos que passava por todas as lições usualmente passadas por crianças dessa idade – mas não além dessa idade – teria uma idade mental correspondente à sua idade cronológica. Binet achava que a inteligência era multifacetada, mas vinha sob o controle do julgamento prático.

Na visão de Binet, havia limitações na escala e ele salientava o que via como a notável diversidade de inteligência e a subsequente necessidade de estudá-la usando medidas qualitativas, ao contrário de medidas quantitativas. O psicólogo americano Henry Goddard publicou uma tradução disso em 1910. O psicólogo americano Lewis Terman, da Universidade

Stanford, revisou a escala Binet-Simon, o que resultou nas escalas de inteligência Stanford-Binet(1916). Este tornou-se o teste mais popular nos Estados Unidos por décadas. Fator geral(g) Os muito diferentes tipos de testes de QI incluem uma ampla variedade de conteúdo categorizado. Alguns itens do teste são visuais, enquanto muitos são verbais. Itens do teste variam desde problemas baseados no raciocínio abstrato até a concentração na aritmética, vocabulário ou conhecimentos gerais.

FRANCIS GALTON

Francis Galton (Birmingham, 16 de fevereiro de 1822 — Haslemere, Surrey, 17 de janeiro de 1911) foi um antropólogo, meteorologista, matemático e estatístico inglês.

Galton era o mais novo de nove filhos de um próspero banqueiro, nasceu em uma família socialmente abastada. Aos 16 anos, começou a aprender medicina, mas interessou-se pela matemática, formando-se nesta. Depois voltou a estudar medicina até à morte do seu pai, decidindo então por viajar e estudar parte da África.

Voltando, escreveu muito a respeito de suas viagens, fez muito sucesso por isso, mas deixou de viajar quando se casou. Deu atenção a meteorologia, criando instrumentos e mapas aperfeiçoados e usados até hoje.

Ele foi o primeiro a aplicar métodos estatísticos para o estudo das diferenças e herança humanas de inteligência, e introduziu a utilização de questionários e pesquisas para coletar dados sobre as comunidades humanas, o que ele precisava para obras genealógicas e biográficas e para os seus estudos antropométricos. Como pesquisador da mente humana, fundou a psicometria (a ciência da medição faculdades mentais) e a psicologia diferencial.

Era primo de Charles Darwin e, baseado em sua obra, criou o conceito de "eugenia" que seria a melhora de uma determinada espécie através da seleção artificial. O primeiro livro importante para o pensamento de Galton foi Hereditary Genius (1869). A sua tese afirmava que um homem notável teria filhos notáveis. O termo eugenia passa a ser cunhado apenas em 1883 na obra Inquiries into Human Faculty and Its Development. As conclusões de Galton sobre a hereditariedade e os chamados "bem nascidos" devem ser observadas pelo conhecimento científico no século XIX. Por isso, os estudos que tratam de Galton e a eugenia procuraram diferenciar aquilo que é proposto pelo cientista inglês em sua época e as diferentes formas políticas e sociais de como a noção de "eugenia" foi interpretada em lugares distintos.

Galton acreditava que a "raça" humana poderia ser melhorada caso fossem evitados "cruzamentos indesejáveis" o que acompanhava o sentido racista da eminente burguesia europeia da época. Isto porque se aproveitava das condições desumanas em países explorados por países europeus onde fez suas viagens para comparar as capacidades de um burguês com um camponês analfabeto levando ao pensamento orgulhoso e odioso que promoveu a eugenia que persiste até hoje em segregar pessoas em fundamentos racistas.

O desenvolvimentos de testes de inteligência para selecionar homens e mulheres brilhantes, destinados à reprodução seletiva são obras de Francis Galton em caráter de promover estes ideais para reafirmar o senso de superioridade eurocêntrico e como propaganda deturpar as possibilidades de enfraquecimento da comunidade branca europeia contra imigrantes. Esta ideologia teve papel fundamental na formação do Fascismo e nazismo como paralelos do ultranacionalismo e afins.

ALFRED BINET

Alfred Binet (Nice, 8 de julho de 1857 — Paris, 28 de outubro de 1911.) foi um pedagogo e psicólogo francês que ficou conhecido por sua contribuição no campo da psicometria, sendo considerado o inventor do primeiro teste bem-sucedido de inteligência, a Escala Binet-Simon, que serviu de base para vários dos atuais testes de QI.

Filho de um médico e de uma pintora, Alfred Binet nasceu em 8 de julho de 1857 em Nice. Seu pai e seu avô eram, ambos, médicos. Seus pais separaram-se quando ele ainda era criança, tendo sido criado pela mãe, madame Moina Binet. Em 1872, entrou para o Licée Louis-le-Grand, onde se formou em 1875. Inicialmente, estudou direito e recebeu a licenciatura em jurisprudência em 1878. Entretanto, não permaneceu na área jurídica, pois foi influenciado pelos estudos de Jean-Martin Charcot (1825-1893)e se dedicou integralmente aos estudos médico-científicos no hospital da Salpêtrière, em Paris.

Por volta de 1880, passou a se interessar pela psicologia. Foi em 1894 que se licenciou em ciências naturais, não chegando a ser médico. Seu primeiro interesse foi a experimentação com métodos de associação de idéias, o associativismo, objeto de seu livro La Psychologie du raisonnement (1886). Passou a trabalhar no laboratório de pesquisa de psicofisiologia da Sorbonne (1891) e foi nomeado seu diretor (1895), cargo que ocupou pelo resto da vida. Fundou o jornal L'Anne'e Psychologique (1895) para divulgar sua pesquisa e de seus associados. A partir de então procurou desenvolver testes de avaliação da inteligência e habilidades do indivíduo.

Por volta de 1880, passou a se interessar pela psicologia. Foi em 1894 que se licenciou em ciências naturais, não chegando a ser médico. Seu primeiro interesse foi a experimentação com métodos de associação de idéias, o associativismo, objeto de seu livro La Psychologie du raisonnement (1886). Passou a trabalhar no laboratório de pesquisa de psicofisiologia da Sorbonne (1891) e foi nomeado seu diretor (1895), cargo que ocupou pelo resto da vida. Fundou o jornal L'Anne'e Psychologique (1895) para divulgar sua pesquisa e de seus associados. A partir de então procurou desenvolver testes de avaliação da inteligência e habilidades do indivíduo.

VICTOR HENRI

Victor Henri (Marselha, 6 de junho de 1872 – La Rochelle, 21 de junho de 1940) foi um físico-químico e fisiologista francês. Nasceu em Marselha, filho de pais russos. É conhecido principalmente como um pioneiro em cinética enzimática. Publicou mais de 500 artigos científicos em uma variedade de disciplinas incluindo bioquímica, físico-química, psicologia e fisiologia.

Depois que o cientista britânico Adrian John Brown descobriu que as reações enzimáticas eram iniciadas por uma ligação entre a enzima e o substrato, e inspirado por discussões com o físico-químico alemão Max Bodenstein, publicou em 1902 a primeira vez a equação fundamental da cinética enzimática. Onde a e x denotam a concentração inicial do substrato e a concentração do produto formado, respectivamente. Os outros símbolos denotam constantes. Onde v, S e P denotam a velocidade de reação e as concentrações de substrato e produto, respectivamente.

K1 e K2 denotam as constantes de dissociação do complexo enzima-substrato e do complexo enzima-produto, respectivamente. Foi somente depois de aproximadamente 10 anos que a comunidade internacional de bioquímicos percebeu a significância desta equação. Notavelmente, seu trabalho foi continuado pelo bioquímico alemão Leonor Michaelis e pela médica canadense Maud Menten. Em um artigo seminal de 1913, Michaelis e Menten deduziram a equação em mais detalhes e a interpretaram profundamente.

THÉODORO SIMON

Théodore Simon (Dijon, 10 de Julho de 1872 — 1961) foi um psicólogo e psicometrista francês, co-autor do teste Binet-Simon e da respectiva escala de inteligência.

Theodore Simon nasceu em 10 de julho de 1872 em Dijon, na França. Na sua infância era fascinado pelo trabalho de Alfred Binet e constantemente lia seus livros, desde então seu interesse pela psicologia foi aumentando constantemente. Em 1899 tornou-se estagiário no asilo de Perray-Vaucluse, onde começou seu trabalho com crianças anormais, o que o aproximou de Binet que estudava sobre a correlação entre o crescimento físico e o desenvolvimento intelectual. Simon formou-se em medicina na Universidade de Paris.

Theodore Simon ficou conhecido por sua colaboração com Alfred Binet na construção da primeira escala de medida de inteligência, Escala de Binet-Simon, em 1905. Ao longo de sua vida após este ponto, Simon sempre se manteve crítico ao uso impróprio da escala. pois ele acreditava que a sua utilização inadequado impedia o alcance da meta de Binet: compreender os seres humanos, a sua natureza e o seu desenvolvimento.No ano de 1912 tornou-se presidente da Société Libre pourL'Étude de L'Enfant, hoje Societé Alfred Binet, tendo sido editor do Bulletin, periódico dessa Sociedade. Morreu de causas naturais em 1961.

No Brasil

Enquanto diretor do Estabelecimento para Anormais Perray-Vaucluse em Paris no ano de 1929, foi convidado pelo governo mineiro a colaborar na fundação do Laboratório de Psicologia da Escola de Aperfeiçoamento de Professores e na reforma de ensino promovida por Francisco Campos. Foi recebido no Rio de Janeiro por membros da Associação Brasileira de Educação. Theodore Simon chegou a Belo Horizonte no dia 5 de fevereiro e em sua viagem exerceu com agudeza seus dotes de observador e cientista sobre o trabalho na Escola de Aperfeiçoamento. O cientista francês contribuiu para a criação da Escola Normal e para a construção do grupo escolar.

Visitou a escola Delfim Moreira, Affonso Penna, Bernardo Monteiro, Pedro II, Barão do Rio Branco e Barão de Macaúbas onde iniciou uma série de conferências sobre testes para professores de Belo Horizonte. Enquanto a Escola de Aperfeiçoamento não funcionava, ministrou em Belo Horizonte conferências sobre "Métodos Pedagógicos e Pedagogia Experimental" no grupo Escolar Barão do Rio Branco, abordando os testes de inteligência e a construção da escala Binet-Simon.

Na Escola de Aperfeiçoamento realizou demonstrações e exercícios práticos formando novas alunas e durante algum tempo em Belo Horizonte, orientou grupos escolares, particularmente no Grupo Escolar Pedro II, com testes de inteligência, ortografia, leitura e cálculo, com a finalidade de traçar o desenvolvimento físico e características psicológicas da criança escolar mineira. Simon dizia que o ensino para os professores visava a aquisição de uma técnicas psicológicas, intelectual e moral. Dessa forma o ideal seria que as Escolas Normais se destinassem a prática de técnicas pedagógicas, sendo realizados estudos preparatórios.

WILHELM STERN

Wilhelm Stern foi um psicólogo alemão, nascido em 1871 e falecido em 1938, fundador, com Binete Galton, da psicologia diferencial. Criou, na Universidade de Hamburgo, um laboratório de psicologia onde desenvolveu várias pesquisas, recorrendo ao método experimental. É Stern que cria o termo Quociente de Inteligência (Q.I.) para designar a razão entre a idade mental e a idade cronológica. Para além da psicologia diferencial desenvolveu estudos nas áreas da psicologia judiciária e genética.

PARA QUE SERVE O QI

A principal vantagem de saber o QI consiste em perceber o grau de facilidade que a pessoa tem para aprender coisas novas ou para desempenhar uma determinada função. Isto é, pessoas com um QI mais alto geralmente precisam de menos informação para aprender algo novo ou são mais adequadas para desempenhar uma função, enquanto pessoas com um QI menor precisam de mais tempo e de informação mais detalhada.

A avaliação do QI pode, por isso, ser uma boa ferramenta para aplicar nas crianças, já que fornece dados importantes para saber quais são as crianças que precisam de maior atenção durante o processo de aprendizado. Por exemplo, crianças superdotadas não devem estudar da mesma maneira que crianças comuns. O mesmo acontece com indivíduos que possuem deficiências mentais. Ou seja, ele permite que pessoas com necessidades especiais que passam muitas vezes despercebidas no dia a dia recebam a atenção adequada que vai permitir com que eles se desenvolvam cada vez mais.

O QI também pode ser aplicado em adultos e geralmente é feito para avaliar a capacidade de cada pessoa dentro de um grupo, de forma a identificar aquelas que apresentam habilidades de pensamento mais adequadas para realizar uma determinada tarefa.

O QI AJUDA A PREVER SEU SUCESSO

Embora o QI seja muitas vezes visto como uma forma de avaliar a capacidade de sucesso de alguém, a verdade é que o QI não é o único preditor do sucesso. Isso porque pessoas bem sucedidas precisam de outras capacidades que não são avaliadas com os testes de QI, como ambição, persistência ou sentido de oportunidade.

Além disso, uma pessoa que tenha um QI elevado para lógica, por exemplo, pode não ter sucesso se precisar realizar tarefas relacionadas a outras áreas do pensamento. É por esse motivo que os testes de QI devem ser sempre adaptados de acordo com as habilidades que se pretende avaliar.

COMO MEDIR O QI

O valor de QI é medido através de testes que apresentam um conjunto de perguntas e que permitem avaliar diferentes áreas do pensamento. Existem testes que podem avaliar apenas uma habilidade do pensamento, enquanto outros avaliam várias. Quanto mais áreas forem incluídas no teste, maiores são as chances de obter um resultado próximo da verdadeira capacidade mental de cada pessoa.

Porém, não existe um teste que seja 100% capaz de avaliar a inteligência de alguém, já que se tornaria extremamente extenso e demorado. Além disso, seria praticamente impossível que um só teste tivesse em consideração todos os fatores que podem acabar influenciando o resultado e que não estão diretamente relacionados com o processo de pensamento.

É POSSIVEL AUMENTAR O QI

Assim, para aumentar o QI é preciso estimular e treinar esse tipo de raciocínio. Algumas tarefas que podem ajudar são:

Praticar cálculo mental, ou seja, sem ajuda de calculadora;

Participar em debates e discussões;

Estudar novos temas;

Procurar por falhas de lógica em filmes, seriados ou livros.

Embora o QI esteja muito relacionado com questões genéticas, existem vários estudos que indicam que também pode ser influenciado pelo estilo de vida de cada pessoa. Por exemplo, ter um emprego desafiador, estudar novos temas ou praticar artes, como música ou pintura, podem ajudar a ter um QI mais elevado.

COMO CALCULAR O QI

Em 1912, **Wilhelm Stern** (1871-1938), propôs o termo "QI" (quociente de inteligência) para representar o nível mental, e introduziu os termos "idade mental" e "idade cronológica". Stern propôs que o QI de pessoas com menos de 16 anos fosse determinado pela divisão da idade mental pela idade cronológica. Assim uma criança com idade cronológica de 10 anos e nível mental de 8 anos teria QI 0,8, porque 8 / 10 = 0,8.

Se a pessoa tivesse mais de 16 anos, a curva de desenvolvimento intelectual em função da idade estaria quase no seu limite superior, e a fórmula deixa de fazer sentido.

Em 1916, **Lewis Terman** (1877-1956), propôs multiplicar o QI por 100, a fim de eliminar a parte decimal: QI = 100 x IM / IC, em que IM = idade mental e IC = idade cronológica. Com esta fórmula, a criança do exemplo acima teria QI 80.

A classificação proposta por Lewis Terman era a seguinte:

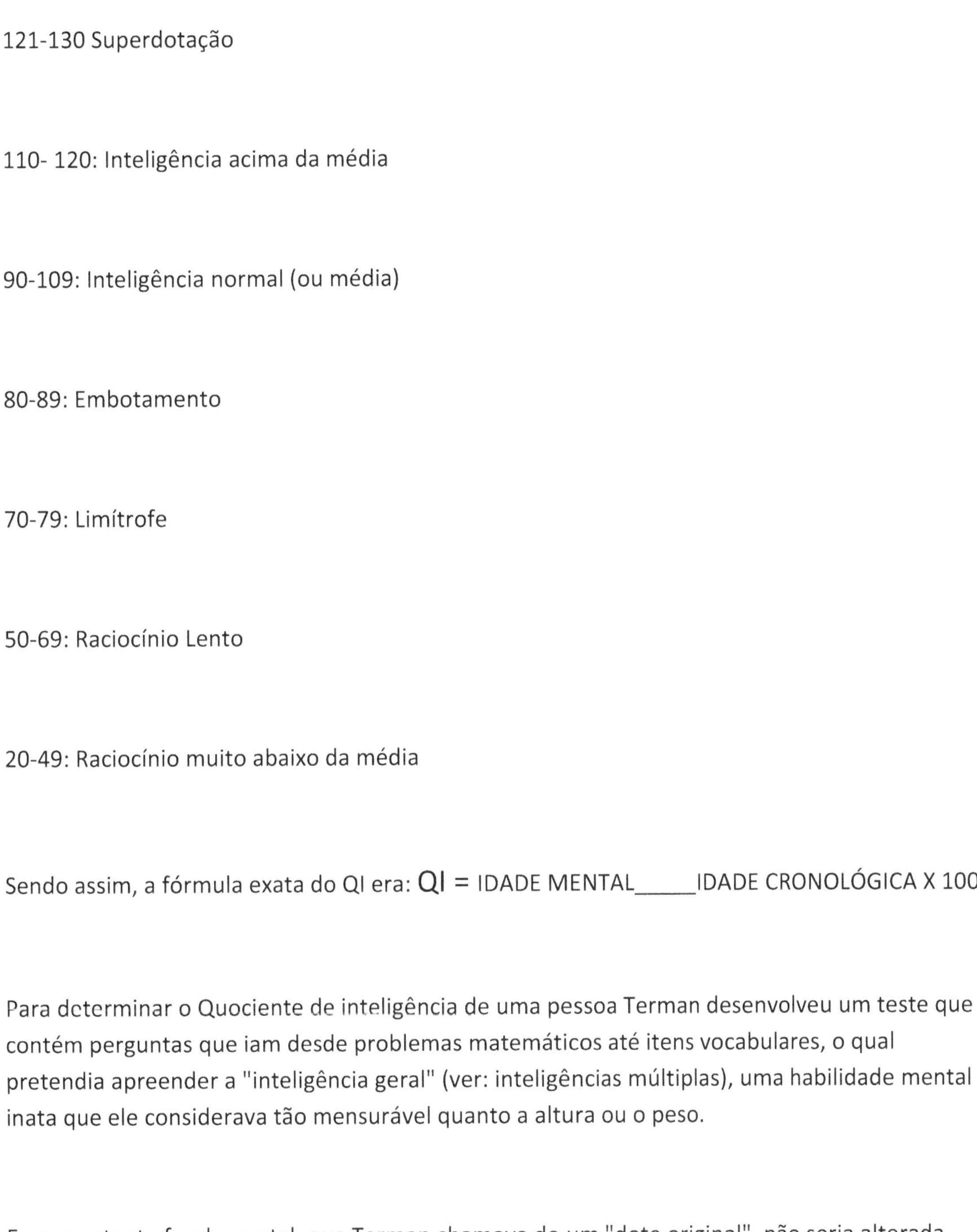

121-130 Superdotação

110- 120: Inteligência acima da média

90-109: Inteligência normal (ou média)

80-89: Embotamento

70-79: Limítrofe

50-69: Raciocínio Lento

20-49: Raciocínio muito abaixo da média

Sendo assim, a fórmula exata do QI era: QI = IDADE MENTAL_____IDADE CRONOLÓGICA X 100

Para determinar o Quociente de inteligência de uma pessoa Terman desenvolveu um teste que contém perguntas que iam desde problemas matemáticos até itens vocabulares, o qual pretendia apreender a "inteligência geral" (ver: inteligências múltiplas), uma habilidade mental inata que ele considerava tão mensurável quanto a altura ou o peso.

Essa constante fundamental, que Terman chamava de um "dote original", não seria alterada pela educação, pelo ambiente familiar ou pelo trabalho árduo.

Aproximadamente, 90% da população (os brasileiros, por exemplo, tem uma média estimada em 87). Abaixo desse valor, é sinal de que pode haver algum tipo de comprometimento intelectual. Acima, estão aqueles que possuem um desenvolvimento cognitivo mais avançado.

Se o resultado der mais de 130, o indivíduo pode ser considerado um superdotado ou um gênio. Mas eles representam apenas 2% de todo o mundo.

COMO ELEVAR O QI

Embora qualquer medida para elevar o QI seja mais eficiente na infância e adolescência, é possível sim "investir" no seu quociente de inteligência mesmo que você já tenha passado dos 18 anos. Uma mudança de hábito que você pode e deve fazer para isso é incorporar ao seu dia a dia a prática de exercícios físicos.

De acordo com uma pesquisa da Sahlgrenska Academy, na Suécia, jovens que praticam exercício físico regularmente têm o quociente intelectual mais alto e são mais propensos a fazer faculdade. Os efeitos positivos são notados especialmente no pensamento lógico e na compreensão verbal. Estar em forma significa que, além de ter uma ótima capacidade pulmonar, seu cérebro recebe uma grande quantidade de oxigênio.

O estudo mostra ainda que se o exercício é praticado com regularidade entre os 15 e 18 anos, o desempenho cognitivo aumenta. A isso se soma o fato de que foi comprovado que os indivíduos que estavam aptos fisicamente aos 18 anos eram mais propensos a ingressar no ensino superior e a obter empregos de sucesso.

Além do exercício físico, dedique-se à leitura, adquira novos conhecimentos e desafie o seu cérebro constantemente para elevar o seu QI. Pesquisas indicam que aprender a tocar um instrumento musical também é uma ótima forma de melhorar suas habilidades cognitivas. Essa atividade, se praticada com frequência, pode aumentar o QI do praticante em até sete pontos a longo prazo.

CURIOSIDADES SOBRE O QUOCIENTE INTECTUAL

O QI não é um assunto intrigante apenas para leigos, mas para muitos pesquisadores. Se fossemos reunir todas as descobertas interessantes sobre o tema nas últimas décadas, este livro não teria fim. Então, selecionamos as curiosidades mais impressionantes sobre o quociente intelectual.

Irmãos mais velhos tendem a ter QIs mais altos

O Instituto Nacional de Saúde Ocupacional da Noruega observou em um estudo que o filho primogênito geralmente têm 2,3 pontos a mais de QI que seu caçula, diferença que vai aumentando a cada novo irmão. Ou seja, em uma família de três irmãos, haveria uma diferença de 6 pontos entre o filho mais velho e o mais novo de todos eles.

Essa variação, segundo os dados levantados em 2007 com cerca de 250 mil noruegueses de 18 e 19 anos, advém não de questões biológicas, mas sim psicológicas, mais especificamente do relacionamento entre pais e filhos.

Hábitos noturnos e QI elevado estão relacionado.

Em 2009, o pesquisador Satoshi Kanazawa, da London School of Economics, analisou a relação entre os hábitos noturnos e o QI no artigo "Why night owls are more intelligent". Segundo os dados coletados neste extenso estudo, pessoas com QI mais altos têm a tendência de dormir mais tarde.

Para Kanazawa, esta relação pode ser explicada por questões evolutivas. A teoria "Savanna-IQ Interaction Hypothesis" propõe que pessoas mais inteligentes têm uma tendência maior a adquirir novas preferências evolutivas do que aqueles de inteligência média. Uma vez que os ancestrais dos seres humanos costumavam ter mais disposição ao longo do dia, os hábitos noturnos demonstrariam uma maior complexidade cognitiva dos indivíduos que adotaram essa rotina diferente.

Quanto maior seu cérebro, maior seu QI

De acordo com um estudo da Universidade de Washington, o tamanho do cérebro está relacionado ao nível de QI. Os pesquisadores avaliaram variações cerebrais por meio de scanners responsáveis por setorizar cada parte do órgão responsável pela inteligência. De acordo com o estudo, o tamanho do cérebro influencia em 6,7% o QI.

A pesquisa tinha o objetivo de examinar o papel das conexões neurais entre o córtex pré-frontal esquerdo (localizado atrás da testa) e o resto do cérebro. Essa área é tão importante que corresponde a 10% da nossa inteligência. Segundo a pesquisa, é possível dizer que a quantidade dessas conexões pode prever a inteligência do indivíduo: quanto mais conexões, maior o QI. É possível, portanto, medir a inteligência de alguém escaneando o seu cérebro.

QI elevado aumenta propensão ao consumo de drogas.

Crianças com alto quociente intelectual são mais propensas a usar drogas na adolescência e na idade adulta, concluiu um estudo publicado no Journal of Epidemiology and Community Health. O estudo analisou os dados de 8.000 britânicos, presentes no British Cohort Study, uma pesquisa contínua que monitora o desenvolvimento, desde o nascimento, de uma série de indivíduos nascidos no Reino Unido em 1970.

Foram examinados os QIs de crianças de 5, 10 e 16 anos. Depois, analisou-se se estes mesmos indivíduos, ao chegarem aos 30 anos, declararam ter usado drogas como maconha, anfetamina, cocaína, ecstasy e heroína na adolescência ou no ano anterior.

O que os pesquisadores descobriram foi que homens com QI mais alto na infância eram duas vezes mais propensos ao uso de drogas ilegais do que os seus colegas que apresentavam níveis menores de inteligência. Já as mulheres com QI alto se mostraram até três vezes mais propensas a usar drogas. O estudo considerou como valores altos de QI aqueles a partir de 107 pontos.

O pesquisador principal, James White, professor da Universidade de Cardiff, no Reino Unido, afirmou que investigações anteriores já haviam detectado que a maioria das pessoas com QI elevado leva uma vida comum, mas com maior propensão ao consumo excessivo de álcool na vida adulta.

No entanto, não está claro por que as pessoas com altos índices de inteligência na infância têm essa predisposição para o consumo de drogas. A suspeita é de que essas pessoas sejam mais abertas a novas experiências e à busca de novas sensações. Outros possíveis motivos são que elas se aborrecem mais facilmente ou que encontram nas drogas uma forma de lidar com o fato de se sentirem diferentes.

VAMOS PARA O TESTE DE QI:

CAMPO DE PERGUNTAS:

1. Quem foi a primeira pessoa a viajar no Espaço?

a) Yuri Gagarin

b) A cadela Laika

c) Neil Armstrong

d) Marcos Pontes

2. Qual a montanha mais alta do mundo?

a) Mauna Kea

b) Dhaulagiri

c) Monte Chimborazo

d) Monte Everest

3. Onde se localiza Machu Picchu?

a) Colômbia

b) Peru

c) China

d) Bolívia

4. Que país tem o formato de uma bota?

a) Butão

b) Brasil

c) Portugal

d) Itália

5. Que acontecimento histórico comemorou 30 anos em 9 de novembro de 2019?

a) Queda da Bastilha

b) Grande depressão

c) Revolução cubana

d) Queda do muro de Berlim

6. Quem inventou a lâmpada?

a) Graham Bell

b) Steve Jobs

c) Thomas Edison

d) Henry Ford

7. Quanto tempo a Terra demora para dar uma volta completa em torno dela mesma?

a) Aproximadamente 24 horas

b) 365 dias

c) 7 dias

d) 365 ou 366 dias

8. A que temperatura a água ferve?

a) 200 ºC

b) -10 ºC

c) 180 ºC

d) 100 ºC

9. Quais são as fases da Lua?

a) Nova, cheia e superlua

b) Penumbral, lunar parcial, lunar total e cheia

c) Nova, cheia, minguante e lua de sangue

d) Nova, crescente, cheia e minguante

10. Quantos ossos temos no nosso corpo?

a) 126

b) 206

c) 18

d) 300

11. Qual o maior planeta do sistema solar?

a) Marte

b) Lua

c) Saturno

d) Júpiter

12. Um anel tem 3 pedras preciosas. Quantas pedras preciosas têm 11 anéis?

a) 33

b) 110

c) 32

d) 30

13. Qual o planeta mais próximo do Sol?

a) Netuno

b) Júpiter

c) Mercúrio

d) Terra

14. Quantos continentes existem?

a) 2

b) 8

c) 4

d) 6

15. Qual a maior floresta tropical do mundo?

a) Mata Atlântica

b) Pampas

c) Pantanal

d) Floresta Amazônica

16. Quem descobriu o Brasil?

a) Pedro Álvares Cabral

b) Cristóvão Colombo

c) Duarte Pacheco Pereira

d) Américo Vespúcio

17. Por que o Brasil tem este nome?

a) O nome Brasil vem Ilha de Vera Cruz

b) O nome Brasil vem da árvore Pau-Brasil

c) O nome Brasil vem Terra do Brasil

d) o nome Brasil vem Terra Nova

18. Em que ano o Titanic afundou no Oceano Atlântico em 15 de abril, em sua viagem inaugural de Southampton?

a) 1912

b) 1998

c) 1915

d) 1917

19. Qual é o nome da maior empresa de tecnologia da Coréia do Sul?

a) Sansung

b) LG

c) Nuvem Tecnológica

d) Hipertec

20. Qual é o menor pássaro do mundo?

a) Beija-flor estrelinha

b) Beija-flor-de-leque-canela

c) Abelha colibri

d) Topetinho-do-brasil-central

21. Quem inventou a lata para conservar alimentos em 1810?

a) Graham Bell

b) Peter Durand

c) Thomas Edison

d) Humphry Davy

22. Quem pintou o quadro Mona Lisa?

a) Edvard Munch

b) Claude Monet

c) Michelangelo

d) Leonardo Da Vinci

23. Quais destes grupos não devem tomar a vacina contra a febre amarela?

a) Mulheres que querem engravidar, lactantes, bebês com menos de 1 ano, doentes que recebam tratamento de saúde especial

b) Pessoas alérgicas, crianças até 2 anos, grávidas

c) Transplantados, pacientes oncológicos, pessoas com alergia grave ao ovo

d) Pacientes com câncer, idosos acima de 75 anos

24. Quem foi o vencedor do Big Brother Brasil 2020?

a) Thelma Assis

b) Kerline

c) Gilberto

d) Juliette

25. Quem é o autor da série literária Sítio do Picapau Amarelo?

a) Graciliano Ramos

b) Monteiro Lobato

c) José de Alencar

d) Machado de Assis

26. Como se chamam os dois melhores amigos do personagem Harry Potter?

a) Hermione e Rony

b) Ronald Weasley e Hermione Granger

c) Draco Malfoy e Neville Longbottom

d) Luna Lovegood e Fred

27. Qual cantor brasileiro é pai dos atores Fiuk e Cleo?

a) Raul Seixas

b) Roberto Carlos

c) Fábio Junior

d) Hermeto Pascoal

28. Qual o nome dos chefs de cozinha que atuaram como jurados na primeira temporada do programa Masterchef Brasil?

a) Ana Paula Padrão, Helena Rizzo e Heitor

b) Henrique Fogaça, Érick Jacquin e Paola Carosella

c) Amanda, Juliana e Renato

d) Ana Paula, Ana Karina e André

29. Em que ano estreou o filme Titanic, estrelado por Leonardo DiCaprio e Kate Winslet?

a) 1997

b) 1999

c)1899

d) 1996

30. Qual é a capital do Brasil?

a) Rio de Janeiro

b) Brasília

c) Distrito Federal

d) São Paulo

31. Qual oceano separa a América da África e da Europa?

a) Oceano Atlântico

b) Oceano Pacífico

c) Oceano Índico

d) Oceano Antártico

32. Qual cidade brasileira é conhecida como Cidade Maravilhosa?

a) Fortaleza

b) Salvador

c) Porto Alegre

d) Rio de Janeiro

33. Quantos fusos horários existem no Brasil?

a) 4

b) 6

c) 2

d) 12

34. Quais são as cores da bandeira da Espanha?

a) Preta, vermelha e amarelo

b) Vermelho e amarelo

c) Verde, amarelho e vermelho

d) Azul, amarelho e vermelho

35. Quantas cores tem um arco-íris?

a) 7

b) 9

c) 12

d) 10

36. Qual elemento químico é representado pela sigla Ag na tabela periódica?

a) Alumínio

b) Prata

c) Zinco

d) Cobre

37. Qual é o único mamífero que voa?

a) Morcego

b) Falcão-peregrino

c) Morcegos de cauda livre

d) Falcão

38. Qual ave é capaz de bater as asas até 200 vezes por segundo?

a) Falcão

b) Peregrino

c) Beija-flor

d) Avestruz

39. Em que ano os navegadores portugueses chegaram ao Brasil pela primeira vez?

a) 1495

b) 1500

c) 1505

d) 1698

40. Quem foi o primeiro presidente negro dos Estados Unidos?

a) John Adams

b) James Madison

c) Nilo Peçanha

d) Barack Obama

41. Qual frase D. Pedro falou às margens do Rio Ipiranga em 7 de setembro de 1822?

a) Paz e Prosperidade para o Brasil

b) Independência ou Morte

c) Se não fosse imperador, desejaria ser professor

d) Despesa inútil é furto à Nação

42. Qual cidade foi dividida por um muro entre 1961 e 1989, derrubado por sua população?

a) Berlim, na Alemanha

b)Suécia, naFrança

c) Reino Unido, na Estônia

d) Bélgica, na Itália

43. Qual esporte pratica o atleta inglês David Beckham?

a) Nadação

b) Luta

c) Futebol

d) Basquete

44. Qual é o ingrediente base da bebida japonesa saquê?

a) Água

b) Leite

c) Álcool

d) Arroz

45. Em que ano as mulheres ganharam o direito ao voto no Brasil?

a) 1932

b) 1942

c) 1873

d) 1967

46. Qual é o país com a maior densidade demográfica do mundo?

a) Singapura

b) Mônaco

c) Vaticano

d) Hong Kong

47. Quem é a única brasileira a ter sido indicada ao Oscar de Melhor Atriz?

a) Adriana Esteves

b) Camila Pitanga

c) Claudia Raia

d) Fernanda Montenegro

48. Quais são os três idiomas oficiais da Bélgica?

a) Holandês, francês e alemão

b) Chinês, mandarim e inglês

c) Russo, rabe e francês

d)Espanhol

49. Como se chama a prova de corrida de longa distância de 42 km?

a) Corridas rasas

b) Maratona

c) Curta distância

d) Velocidade

50. Qual país tem a maior linha costeira do mundo?

a) Rússia

b) Argentina

c) Canadá

d) Estados Unidos

51. Quantas válvulas tem o coração?

a) 6

b) 3

c) 2

d) 4

52. Em que ano Brasília foi fundada?

a) 1960

b) 1930

c) 1945

d) 1530

53. Quais esportes passaram a ser considerados olímpicos a partir dos Jogos Olímpicos de Tóquio?

a) Tiro, tênis, natação

b) Surfe, escalada esportiva, skate, beisebol e karatê

c) Ginástica, luta, esgrima

d) Atletismo, ciclismo, halterofilismo

54. Em geral, quantos dentes tem uma pessoa adulta?

a) 32

b) 26

c) 36

d) 24

55. Qual foi o primeiro país a permitir o voto feminino?

a) Brasil

b) Estados Unidos

c) Inglaterra

d) Nova Zelândia

56. Qual é o sobrenome da Rainha Elizabeth II?

a) Saxe-Coburgo

b) Mountbatten-Windsor

c) Howard

d) Médici

57. Quantas teclas tem um piano?

a) 122

b) 88

c) 156

d) 36

58. De qual movimento artístico fazia parte o pintor Salvador Dalí?

a) Renascimento

b) Cubismo

c) Expressionismo

d) Movimento Surrealista

59. Por qual apelido ficou conhecido o famoso jogador de futebol Edson Arantes?

a) Pelé

b) Chevrolet

c) Canhão da Vila

d) Capetinha

60. Qual é a capital da Islândia?

a) Vatnajökull

b) Snæfellsjökull

c) Reykjavik

d) Selfoss

61. Apenas uma pessoa na história recebeu o Prêmio Nobel em áreas científicas diferentes. Quem foi essa pessoa?

a) Albert Einstein

b) Linus Pauling

c) Marie Curie

d) Stephen Hawking

62. A maior operação militar da história contou com o deslocamento de 3,8 milhões de soldados. Qual foi essa operação?

a) Operação Barbarossa (Países do Eixo na Segunda Guerra Mundial)

b) Operação Downfall (Aliados na Segunda Guerra Mundial)

c) Operação Michael (Império Alemão na Primeira Guerra Mundial)

d) Operação Tempestade no Deserto (Exército dos Estados Unidos na Guerra do Golfo)

63. Qual foi a célebre invenção feita por Robert Kahn e Vint Cerf?

a) Televisão

b) Internet

c) Fones de ouvido

d) Telefone celular

64. Em que ano e onde aconteceu o maior acidente aéreo da história do Brasil?

a) Ano 2007, em São Paulo

b) Ano 2006, no Mato Grosso

c) Ano 1952, na Floresta Amazônica

d) Ano 1996, em São Paulo

65. Lady Di era o apelido de qual personalidade?

a) Diana, a Princesa de Gales

b) Grace Kelly

c) Chiquinha Gonzaga

d) Carlota Joaquina

66. Qual dentre esses casos não foi confirmado como atentado terrorista em 2017?

a) Tiroteio em massa em Las Vegas

b) Atropelamento na Ponte de Londres seguido de esfaqueamentos no Mercado Borough

c) Explosões em igrejas no Egito no Domingo de Ramos

d) Explosão de homem bomba após show de Ariana Grande em Manchester

67. O que é o Acordo de Paris?

a) Acordo internacional que trata do Desenvolvimento Sustentável

b) Acordo internacional que trata da proteção da França dos atentados terroristas

c) Acordo internacional que trata da restrição de imigrantes em Paris

d) Acordo internacional que trata do aquecimento global

68. Sobre a personagem Mafalda, do cartunista argentino Quino (falecido em 2020), é correto afirmar:

a) Seu maior desejo era ser igual à sua mãe

b) Foi criada para fazer publicidades de eletrodomésticos

c) Sua criação foi inspirada na filha de Quino

d) Foi criada para uma campanha de alfabetização argentina na década de 60

69. Duas das afirmações abaixo estão erradas:

1- Intolerância religiosa é um crime de ódio.

2- A intolerância religiosa não é crime no Brasil.

3- A pena para crime de intolerância religiosa vai de 1 a 3 anos de prisão.

4- Intolerância religiosa é cometer atos de vandalismo contra os templos de outras religiões.

5- A liberdade de expressão garante o direito para dizer o que se quer sobre crenças ou religiões que não a nossa.

a) 1 e 3

b) 2 e 5

c) 1 e 2

d) 5 e 4

70. Katharine Hepburn e Jack Nicholson são a atriz e o ator com mais Indicações ao Oscar. Quantas indicações cada um tem?

a) 12

b) 13

c) 14

d) 10

71. que governo brasileiro foi sancionada a lei das cotas para o ensino superior?

a) Governo de Dilma Rousseff

b) Governo de Luís Inácio Lula da Silva

c) Governo de Tancredo Neves

d) Governo de Fernando Henrique

72. Países Baixos, Mianmar e Irã são países que mudaram de nomes. Antes eram chamados respectivamente de:

a) Holanda, Ceilão e Pérsia

b) Holanda, Birmânia e Sião

c) Holanda, Birmânia e Pérsia

d) Suazilândia, Birmânia e Pérsia

73. Qual a doença sexualmente transmissível que virou surto no Brasil em 2017?

a) Hepatite B

b) Candidíase

c) Sífilis

d) Herpes B

74. Quem é o autor do famoso discurso "Eu tenho um sonho"?

a) Barack Obama

b) Martin Luther King

c) Nelson Mandela

d) Carlota Joaquina

75. Quais as maiores pandemias da história?

a) Gripe espanhola e câncer

b) Cólera e colesterol

c) Varíola e hipertensão

d) Peste negra e covid-19

76. Em outubro de 2017 um crime em Goiânia chocou o Brasil. O que aconteceu?

a) Chacina da Candelária

b) Crime que ficou conhecido como Massacre de Realengo

c) Um adolescente disparou contra colegas em uma sala de aula, dois dos quais morreram.

d) Um índio foi queimado enquanto dormia em um ponto de ônibus

77. Quem é Abraham Weintraub?

a) Sociólogo e ativista brasileiro

b) Ministro da Educação do Brasil entre 2019 e 2020

c) Ex-agente secreto israelense

d) Rabino israelense

78. Quem é Luiz Gabriel Tiago?

a) Nome verdadeiro de Luiz Gonzaga, o Gonzaguinha

b) Brasileiro indicado ao Prêmio Nobel da Paz 2018.

c) Escritor e poeta espanhol

d) Escritor e poeta português

79. Quais as respectivas cores da reciclagem do papel, do vidro, do metal e do plástico?

a) azul, verde, amarelo e vermelho

b) verde, azul, vermelho e amarelo

c) vermelho, amarelo, verde e azul

d) azul, amarelo, verde e vermelho

80. Qual destas frases foi dita pelo Papa Francisco?

a) "Não existe mãe solteira. Mãe não é um estado civil."

b) "Se Deus é brasileiro, o Papa é carioca."

c) "Ter fé é assinar uma folha em branco e deixar que Deus nela escreva o que quiser."

d) "Prefiro ser um homem de paradoxos que um homem de preconceitos."

81. Chernobyl e Césio-137 fazem parte dos maiores acidentes nucleares da história. Em que países aconteceram?

a) Estados Unidos e Ucrânia

b) Ucrânia e Brasil

c) Rússia e Espanha

d) Japão e Brasil

82. Qual o país esteve na liderança militar da Minustah, a Missão das Nações Unidas para a Estabilização no Haiti?

a) Estados Unidos

b) França

c) Argentina

d) Brasil

83. Como forma de resistir às tradições do Halloween, qual a data comemorativa foi instituída no Brasil para ser celebrada no dia 31 de outubro?

a) Dia das bruxas

b) Dia do Saci

c) Dia da poupança

d) Dia da música popular brasileira

84. Por que a Catalunha foi um tema de destaque em 2017?

a) Por causa da crise que provoca na Espanha quando luta pela sua independência

b) Porque quer sair da União Europeia

c) Porque o reino da Espanha quer se separar da Catalunha

d) Porque a Espanha acredita que a separação será benéfica para a economia espanhola

85. Durante quantos anos Fidel Castro, um dos governantes que esteve mais tempo no poder, esteve à frente de Cuba?

a) 49 anos

b) 32 anos

c) 46 anos

d) 52 anos

86. Qual a função da ONU?

a) Unir as nações com o objetivo de manter a paz e a segurança mundial

b) Financiar países em desenvolvimento

c) Regular o funcionamento do sistema financeiro a nível internacional

d) Gerenciar acordos de comércio entre os países

87. Eva Braun era o nome da esposa de qual dessas personalidades conhecidas pela sua crueldade?

a) Vladimir Lenin

b) Josef Stalin

c) Augusto Pinochet

d) Adolf Hitler

88. Como morreu Saddam Hussein?

a) Enforcado

b) Decapitado

c) Suicídio

d) Vítima de câncer

89. Qual o país mais novo do mundo?

a) Timor Leste

b) Sudão do Sul

c) Palau

d) Kosovo

90. Quem foi o inventor da vacina?

a) Robert Koch

b) Jonas Salk

c) Edward Jenner

d) Louis Pasteur

91. Qual filósofo grego que ao ser perguntado por Alexandre, O Grande sobre qual desejo gostaria de ter atendido, pediu apenas para que o imperador saísse da frente do sol?

a) Heráclito

b) Diógenes

c) Sócrates

d) Epicuro

92. Quais planetas do sistema solar realizam seu movimento de rotação em sentido horário?

a) Vênus e Urano

b) Terra e Marte

c) Mercúrio e Saturno

d) Vênus e Netuno

93. Qual a obra de arte mais cara já arrematada em um leilão?

a) O Grito de Edvard Munch

b) O Sonho de Pablo Picasso

c) Intercâmbio de Willem de Kooning

d) Salvator Mundi de Leonardo da Vinci

94. Quantos pares de costelas um ser humano, normalmente, possui?

a) 12

b) 8

c) 15

d) 10

95. Quem foram os primeiros escaladores a conquistar o pico do Everest?

a) Hans Meyer, Ludwig Purtscheller e Johannes Kinyala Lauwo

b) Edmund Hillary e Tenzing Norgay

c) Maurice Herzog e Louis Lachenal

d) Achille Compagnoni e Lino Lacedelli

96. Quanto tempo durou o regime do apartheid na Africa do Sul?

a) 46 anos

b) 51 anos

c) 63 anos

d) 74 anos

97. Qual o primeiro filme a representar o Brasil na disputa do Oscar de melhor filme estrangeiro?

a) Orfeu Negro

b) O Que é Isso, Companheiro?

c) Cidade de Deus

d) O Pagador de Promessa

98. "O esquema funcionava através da superfaturação de obras que faziam parte de um programa que tinha como objetivo acelerar o crescimento econômico no País". Essa descrição corresponde a uma operação criminosa no Brasil. Trata-se da:

a) Operação Navalha

b) Operação Carne Fraca

c) Operação Panatenaico

d) Operação Lava Jato

99. Qual o lugar mais profundo dos oceanos?

a) Fossa das Marianas

b) Fossa de Bentley

c) Fossa de Java

d) Fossa das Ilhas Sandwich

100. Quem foi a primeira mulher a viajar para o espaço?

a) Sally Ride

b) Valentina Tereshkova

c) Mae Jemison

d) Kathryn D. Sullivan

CAMPO DE RESPOSTAS:

1. O russo Yuri Gagarin (1934-1968) foi a primeira pessoa a viajar para o espaço, o que aconteceu em 12 de abril de 1961.

2. O Monte Everest tem 8.848 metros de altitude e localiza-se no Nepal, um país asiático que faz fronteira com a China e com a Índia.

3. Machu Picchu localiza-se no Peru, país da América do Sul que faz fronteira com o Brasil.

4. No mapa da Europa, a Itália se destaca por parecer uma bota de cano e salto altos.

5. Queda do muro de Berlim.

O muro de Berlim, erguido em 1961, foi um dos principais símbolos da Guerra Fria. A sua queda aconteceu no dia 9 de novembro de 1989.

6. A lâmpada foi inventada por Thomas Edison (1847-1931) em 1879. No dia 21 de outubro, o inventor conseguiu manter uma lâmpada acessa durante 48 horas.

7. A Terra demora aproximadamente 24 horas, mais precisamente 23 horas, 56 minutos e 4 segundos para dar uma volta completa em torno do seu próprio eixo. Esse movimento recebe o nome de rotação.

8. 100 ºC é conhecido como o ponto de ebulição da água.

9. As fases da lua são quatro: nova, crescente, cheia e minguante. Cada uma delas dura 7 ou 8 dias.

10.O corpo humano tem 206 ossos: 22 na cabeça, 1 no pescoço, 6 no ouvido, 44 no tórax, 7 no abdômen, 62 nos membros inferiores e 64 nos membros inferiores.

11.Júpiter é 1300 vezes maior que a Terra, sendo o maior planeta do sistema solar.

12. Se 1 anel tem 3 pedras, 11 anéis têm 33, pois 11 x 3 = 33.

13. Pelo fato de ser o planeta mais próximo do Sol, a temperatura em Mercúrio é de aproximadamente 400 ºC.

14. Há 6 continentes: América, Europa, África, Ásia, Oceania e Antártida (ou Antártica).

15. Floresta Amazônica ocupa quase 50 % do território brasileiro e, além do Brasil, também está presente em mais 8 países: Bolívia, Colômbia, Equador, Venezuela, Guiana, Guiana Francesa, Peru e Suriname.

16.Pedro Álvares Cabral.

17. O nome Brasil vem da árvore Pau-Brasil que era abundante quando os portugueses chegaram aqui. Além disso, o nome significa vermelho como brasa.

18. 1912.

19. Samsung.

20. Abelha colibri.

21. Peter Durand.

22. O pintor italiano Leonardo Da Vinci.

23. Transplantados, pacientes oncológicos, pessoas com alergia grave ao ovo.

De acordo com o Ministério da Saúde, a vacina da febre amarela é contraindicada para algumas pessoas. Há aquelas que devem tomar a vacina, mas com restrições, bem como há grupos que não devem tomar a vacina.

24. A médica Thelma Assis.

25. O escritor Monteiro Lobato.

26. Hermione e Rony.

27. Fábio Junior.

28. Henrique Fogaça, Érick Jacquin e Paola Carosella.

29. Em 1997.

30. Brasília.

31. O Oceano Atlântico.

32. Rio de Janeiro.

33. Quatro. São eles: Horário de Fernando de Noronha (UTC-02:00), Horário de Brasília (UTC-03:00), Horário da Amazônia (UTC-04:00) e Horário do Acre (UTC-05:00).

34. Vermelho e amarelo.

35. Sete. São elas: violeta, anil, azul, verde, amarelo, laranja e vermelho.

36. Prata.

37. O morcego.

38. O beija-flor. A velocidade com que bate as asas garante estabilidade e o permite ficar parado no ar.

39. Em 1500.

40. Barack Obama.

41. Independência ou Morte. A frase ficou conhecida como o Grito do Ipiranga.

42. Berlim, na Alemanha.

43. Futebol.

44. Arroz.

45. Em 1932, no governo do presidente Getúlio Vargas. Mas, na realidade, só exerceram esse direito nas eleições do ano seguinte.

46. Mônaco, com mais 18.713 habitantes por km².

47. A atriz Fernanda Montenegro, em 1999, por sua atuação no filme Central do Brasil.

48. A Bélgica conta com três idiomas oficiais: holandês, francês e alemão.

49. Maratona.

50. Canadá. Sua costa tem uma extensão de 243.042 km.

51. Quatro válvulas. Mitral ou bicúspide, tricúspide, aórtica e pulmonar.

52. Em 1960, no dia 21 de abril.

53. Surfe, escalada esportiva, skate, beisebol e karatê.

54. A maioria dos adultos tem 32 dentes. São 8 incisivos, 4 caninos, 8 pré-molares e 12 molares.

55. A Nova Zelândia, em setembro de 1893.

56. Mountbatten-Windsor.

57. 88 teclas.

58. Movimento Surrealista.

59. Pelé.

60. Reykjavík.

61. A cientista Marie Curie venceu o Prêmio Nobel de Física em 1903 e o Prêmio Nobel de Química em 1911. Ela foi responsável pelo desenvolvimento da teoria da radioatividade e pela descoberta de dois elementos químicos (Rádio e Polônio).

62. Operação Barbarossa (Países do Eixo na Segunda Guerra Mundial) A Operação Barbarossa comandada por Hitler foi a maior ação militar da história. O objetivo era a invasão da União Soviética, mas o Exército Vermelho, sob o comando de Stalin, conseguiu conter a invasão e impor a primeira grande derrota dos nazistas na Segunda Guerra Mundial.

63. Internet. Robert Kahn e Vint Cerf criaram o TCP/IP, que permite a comunicação e a troca de documentos entre computadores distintis.

64. O maior acidente aéreo da história do Brasil aconteceu em Congonhas, na cidade de São Paulo, na noite de 17 de julho de 2007. A explosão de um Airbus A-320 da empresa TAM causou a morte de 199 pessoas. A aeronave vinha de Porto Alegre para o aeroporto de Congonhas, e após passar pela pista do aeroporto, atravessou uma avenida e e colidiu com o prédio da TAM.

65. Diana, a Princesa de Gales. Diana Frances Spencer (1961-1997), apelidada de Lady Di, foi a primeira esposa de Carlos, Príncipe de Gales. Considerada uma das mulheres mais admiradas do mundo, ela atuou em diversas campanhas de caridade.

66. Tiroteio em massa em Las Vegas.

Em 1 de outubro de 2017 aconteceu um grande tiroteio na cidade americana de Las Vegas, deixando 59 mortos e 527 feridos.

Esse evento foi considerado o maior tiroteio em massa da história dos Estados Unidos. Investigado pelas autoridades do país, ficou claro que o episódio não teve envolvimento de grupos terroristas.

67. Acordo internacional que trata do aquecimento global.

O Acordo de Paris é um acordo internacional que foi adotado durante a Conferência das Partes - COP 21, em Paris, no ano de 2015.

Aprovado por 195 países, ele tem como objetivo central minimizar os impactos causados pelo aquecimento global. Todos os países envolvidos se comprometeram a reduzir emissões de gases de efeito estufa nas próximas décadas.

68. Com o intuito de divulgar eletrodomésticos da marca Mansfield, Quino foi convidado a desenhar a família de uma menina que usasse produtos dessa marca. O nome da menina tinha que começar com M, tal como o nome da marca de que faria a divulgação.

69. 2. A intolerância religiosa não é crime no Brasil.

5. A liberdade de expressão garante o direito para dizer o que se quer sobre crenças ou religiões que não a nossa.

Segundo a Lei Nº 9.459, de 13 de maio de 1997:

Art. 1º Serão punidos, na forma desta Lei, os crimes resultantes de discriminação ou preconceito de raça, cor, etnia, religião ou procedência nacional.

Art. 20. Praticar, induzir ou incitar a discriminação ou preconceito de raça, cor, etnia, religião ou procedência nacional.

Pena: reclusão de um a três anos e multa.

70. Ambos foram indicados 12 vezes. Katharine Hepburn é a atriz que mais venceu com 4 prêmios de melhor atriz, enquanto Jack Nicholson recebeu três prêmios, duas vezes como melhor ator e um prêmio de melhor ator coadjuvante.

71. Governo de Dilma Rousseff.

Trata-se da Lei Nº 12.711, de 29 de agosto de 2012, a qual dispõe sobre o ingresso nas universidades federais e nas instituições federais de ensino técnico de nível médio.

72. Holanda, Birmânia e Pérsia.

A Holanda passou a ser, oficialmente, Países Baixos em janeiro de 2020.

A renomeação da Birmânia para Mianmar foi oficialmente feita em 1989.

Pérsia era o nome adotado pelo atual Irã até 1934.

73. Sífilis. O crescimento dos números de casos de sífilis têm preocupado as autoridades de saúde.

De acordo com o Boletim Epidemiológico da Sífilis 2018, a taxa de detecção aumentou de 44,1 em 2016, para 58,1 em 2017. Nesse período, a sífilis congênita passou de 21 183 casos para 24 666.

74. Martin Luther King.

O célebre discurso "Eu tenho um sonho" (I Have a Dream) foi feito por Martin Luther King em 1963, numa manifestação civil que reuniu 250 mil pessoas.

75. Peste negra e covid-19.

Com exceção da alternativa c), em cada uma das alternativas consta apenas uma pandemia. Câncer, hipertensão, colesterol e asma não podem ser pandemias, porque não são doenças contagiosas.

76. Um adolescente disparou contra colegas em uma sala de aula, dois dos quais morreram.

No fim da aula, numa escola particular, um adolescente de 14 anos tirou uma pistola calibre 40 da mochila e disparou três tiros contra um colega de 13 anos, que morreu instantaneamente.

Além de outros colegas que ficaram feridos, o melhor amigo do adolescente também morreu após levar um tiro na cabeça.

77. Ministro da Educação do Brasil nomeado em abril de 2019.

Abraham Bragança de Vasconcellos Weintraub (São Paulo, 11 de outubro de 1971), graduado em ciências econômicas pela Universidade de São Paulo (USP) em 1994, realizou seu MBA Executivo Internacional e o Mestrado em Administração (área de finanças) na Fundação Getúlio Vargas (FGV).

Em 8 de abril de 2019 foi nomeado Ministro da Educação pelo presidente Jair Bolsonaro, tendo sido exonerado do cargo em junho de 2020.

78. Brasileiro indicado ao Prêmio Nobel da Paz 2018.

Luiz Gabriel Tiago, mais conhecido como Sr. Gentileza, ganhou o apelido quando começou a estudar os impactos da gentileza na sociedade.

Militante contra a fome e a desigualdade social, é autor de livros como Gentileza no Trabalho e Como Driblar a Raiva no Trabalho, e também é o criador do movimento Pontinho de Luz, que reúne mais de 100 mil pessoas em todo o mundo.

79. azul, verde, amarelo e vermelho.

azul: papel

verde: vidro

amarelo: metal

vermelho: plástico

Além desses, há outras cores que são utilizados na coleta seletiva:

branco: resíduos ambulatoriais e de serviços de saúde;

cinza: resíduo geral cuja separação não é possível;

laranja: pilhas e baterias;

marrom: lixo orgânico;

preto: madeira;

roxo: resíduos radioativos.

80. "Não existe mãe solteira. Mãe não é um estado civil." Essa mensagem foi dita pelo Papa Francisco em um discurso feito em maio de 2014.

81. Ucrânia e Brasil. O acidente de Chernobyl, cidade localizada no norte da Ucrânia, aconteceu em 26 de abril de 1986, quando um reator nuclear explodiu causando a liberação de resíduos tóxicos em uma enorme área.

O acidente com césio-137 aconteceu em Goiânia em 13 de setembro de 1987, quando catadores de lixo recolheram um aparelho de radioterapia em uma clínica desativada, sem ter conhecimento do que se tratava, com o intuito de vendê-la no ferro-velho.

82. Brasil. A Minustah foi criada com o intuito de promover a normalidade do Haiti em termos institucionais e de segurança.

Ao longo da sua existência, ela esteve sob liderança brasileira, que contou com a colaboração de mais 15 países.

83. Dia do Saci. O Dia do Saci celebra uma das figuras mais conhecidas do folclore brasileiro.

Embora seja um projeto de lei da Comissão de Educação e Cultura - Projeto de Lei Federal nº 2.479, de 2013, a data já foi oficializada em São Paulo através da Lei nº 11.669, de 13 de Janeiro de 2004.

84. Por causa da crise que provoca na Espanha quando luta pela sua independência. Em 2017, o movimento pela separação da Catalunha voltou a se intensificar, a partir de um referendo que contou com a participação de 42% da população catalã.

Considerada ilegal, essa ação gerou muita violência por parte das forças policiais. Note que a luta pela independência da Catalunha ocorreu diversas vezes ao longo da história e tem como objetivo tornar a região um país independente da Espanha.

85. Fidel Castro (1926-2016) foi um líder revolucionário cubano e ditador do país durante 49 anos.

Seu governo foi considerado como uma das ditaduras mundiais que mais limitaram a liberdade de expressão, no entanto, nos anos que esteve no poder, Cuba atingiu índices invejáveis de desenvolvimento humano e social.

86. Unir as nações com o objetivo de manter a paz e a segurança a nível internacional.

A Organização das Nações Unidas (ONU), criada em 1945, tem como objetivos:

Manter a paz e a segurança;

Proteger os direitos humanos;

Distribuir ajuda humanitária;

Promover o desenvolvimento sustentável;

Defender o direito internacional.

87. Adolf Hitler.

Eva Braun (1912-1945) acompanhou Hitler durante anos. Eva conheceu Hitler quando tinha 17 anos e ambos casaram quando ela tinha 33 anos, em 29 de abril de 1945, receando a aproximação do Exército Vermelho. No dia seguinte, suicidaram-se.

88. Enforcado. Saddam Hussein (1937-2006) foi o presidente do Iraque entre 1979 e 2003. Ditador, espalhou o terror pelo país.

Capturado pelos Estados Unidos da América (EUA), foi julgado pelo governo interino do Iraque, tendo sido declarado culpado por crimes contra a humanidade. A sentença foi condenação à morte por enforcamento.

89.O Sudão do Sul tornou-se independente em 2011 e representa o país mais novo do mundo. As outras alternativas também representam jovens países:

Timor Leste (2002)

Kosovo (2008)

Montenegro (2006)

Palau (1994)

90. O médico britânico Edward Jenner criou a primeira vacina, em 1796, como um experimento a partir das observações sobre o contágio da varíola e sua variante bovina. Daí, o termo vacina, que tem origem no latim vaccinus e quer dizer "derivado da vaca".

91. Diógenes de Sínope (413 - 323 a.C.) foi um filósofo representante dos cínicos. Em certa altura da vida, abandonou os seu bens e passou a morar em um barril na companhia dos cães.

Diógenes era considerado muito sábio e possuía muitos admiradores, dentre eles o imperador Alexandre. Sua filosofia era baseada na recusa dos bens materiais e na busca pelo autoconhecimento.

92. É comum que os planetas realizem o movimento de rotação no sentido anti-horário. Em nosso sistema solar apenas Vênus e Urano rotacionam no sentido oposto.

93.O quadro Salvator Mundi, conhecido como "o último da Vinci", foi arrematado por um príncipe árabe em um leilão pelo valor de 450,3 milhões de dólares, cerca de 2,4 bilhões de reais.

94. Uma pessoa normal possui 12 pares de costelas, mas 0,5% das pessoas possuem um par de costelas "extra", o 13º par.

95. Em 29 de Maio de 1953, Edmund Hillary (Nova Zelândia) e Tenzing Norgay (Nepal) foram os primeiros alpinistas a chegarem no topo da montanha mais alta do mundo, o Everest, a 8.848 metros de altitude.

96. 46 anos. O regime de segregação racial, conhecido como apartheid na África do Sul durou de 1948 a 1994. No dia 10 de maio de 1994, Nelson Mandela foi eleito presidente, decretando o fim do regime.

97. O filme O Pagador de Promessa, de Anselmo Duarte, foi indicado ao Oscar de Melhor Filme Estrangeiro de 1963, perdendo a disputa para o filme francês Sempre aos Domingos, de Serge Bourguignon.

O Brasil só voltou à disputa em 1996 com o filme O Quatrilho, do diretor Fábio Barreto.

O filme Orfeu Negro foi o vencedor do Oscar, na categoria, em 1960. Entretanto, a obra representou a França através do diretor Marcel Camus.

98. A Operação Navalha, relacionada à superfaturação na construção de obras públicas, foi um esquema de corrupção do governo brasileiro descoberto pela polícia federal em meados 2007.

99. A Fossa das Marianas é o logar mais profundo do planeta, sua profundidade atinge os 10 984 metros.

100. Valentina Tereshkova foi a primeira cosmonauta (equivalente soviético a astronauta) a viajar para o espaço em 16 de junho de 1963. As outras também são mulheres pioneiras:

Sally Ride - Primeira mulher a viajar para o espaço pela NASA, agência espacial dos Estados Unidos.

Kathryn D. Sullivan - Primeira norte-americana a caminhar no espaço.

Svetlana Savitskaya - Primeira mulher a voar em uma estação espacial.

Mae Jemison - Primeira mulher negra a viajar para o espaço.

ISBN: 9798492441265

Selo editorial: Independently published

www.ingramcontent.com/pod-product-compliance
Ingram Content Group UK Ltd.
Pitfield, Milton Keynes, MK11 3LW, UK
UKHW061828190726
13853UKWH00009B/2504

9 798492 441265